AF224797

Les

Finances et les Ressources

de

L'ESPAGNE.

PAR UN FINANCIER.

VIENNE.

IMPRIMERIE ET LIBRAIRIE DE CH. GEROLD FILS.

1871.

Il y a plus de quarante ans, les valeurs espagnoles étaient, dans les bourses allemandes, l'objet de transactions assez animées; plus tard les troubles politiques et la mauvaise administration financière de l'Espagne ont apporté un discrédit tel que le marché allemand est resté complétement fermé aux effets espagnols. Toutefois depuis peu, grâce à des avis plus favorables, l'Espagne commence à reprendre sa place dans les bourses allemandes et la rente espagnole est de nouveau devenue l'objet de transactions.

Il s'en suit tout naturellement que les financiers et les capitalistes allemands cherchent maintenant plus que précédemment à s'orienter sur les rapports financiers de l'Espagne aussi bien que sur les circonstances économiques et sur les sources de production de ce pays. Un financier qui, depuis des années, et avec quelque prédilection, s'efforce de suivre lui-même avec attention le développement des choses en Espagne, a cru pour cela qu'une courte exposition fondée sur la connaissance exacte de la situation économique de l'Espagne devrait être d'un grand intérêt pour les cercles ci-dessus désignés. Dans cette croyance il livre les pages suivantes à la publicité. Qu'on lui permette de faire précéder cet exposé de quelques considérations sur la situation de l'Espagne en général.

Depuis presque deux siècles et demi l'Espagne a été le théâtre sur lequel les doctrines ultramontaines les plus

4

exclusives maintenaient tranquillement leur domination. En
face de la nouvelle Europe, de la conversion de la moitié
du nord de l'Europe au protestantisme, de la philosophie,
de la culture intellectuelle, de l'industrie, l'esprit du passé
s'était emparé de ce pays. La dynastie et le peuple se mon-
trèrent long-temps également remplis de cet esprit; le pays
sembla se transformer de plus en plus dans le domaine du
clergé. Pendant deux siècles on peut dire aussi qu'aucune
idée nouvelle n'avait franchi la frontière. Chaque homme qui
croyait aux doctrines nouvelles était livré au bûcher; à Sé-
ville seulement on brûla, dans vingt ans, 16.000 hommes.
Le résultat de tout cela fut que l'Espagne qui, presque pendant un siècle, avait eu entre les mains la domination
du monde et qui, de Madrid, gouvernait une partie du monde
quatre fois aussi grande que toute l'Europe tomba presque,
du degré le plus élevé de la puissance qu'un état puisse
avoir, jusqu'au néant le plus complet. Et pendant que „le
soleil ne se couchait pas sur les possessions de la couronne
d'Espagne" le soleil des esprits, la liberté, s'éclipsa. Malgré
les flottes pleines d'or et d'argent que l'Espagne reçut de
ses colonies, nous voyons dans le cours du temps la nation
espagnole, ce peuple grand, brave et fier, tomber en un
peuple de prolétaires. Cette halte intellectuelle eut pour conséquence la ruine matérielle. La population au lieu d'aug-
menter, s'amoindrit ; elle tomba au 18ième siècle jusqu'à 7 millions d'âmes. L'agriculture, au lieu de faire des progrès,
reste en arrière; elle donne à peine un dixième de ce que,
avec des moyens meilleurs et des méthodes intelligentes, elle
aurait donné. Dans d'autres états l'absolutisme avait excité,
bien souvent par la force brutale, le développement économique et social du bien-être du peuple; en Espagne, à l'ex-

ception du règne de Charles III, il causa la ruine de la nation; ses habitants étaient apauvris, ses finances plongées dans le désordre, ses campagnes dépeuplées, les routes perdues, les navires ensablés dans les ports.

Justement sous Charles III on était entré dans la voie des améliorations; alors arrive le temps de Charles IV, un régime de corruption, un abîme de désordres. Et pourtant quelle étonnante apparition! A peine Napoléon, alors tout-puissant, a-t-il osé toucher au sentiment national de l'Espagne, en lui donnant pour roi son frère Joseph, qu'alors presque toute la nation se lève pour combattre la domination étrangère, avec une bravoure, une énergie, une constance qui excitent l'admiration de l'Europe. Cette même nation qui, à l'instant encore, semblait plongée dans un marasme complet, se donne par l'organe de ses Cortès la plus libre constitution qui existe alors en Europe et, dans le temps même où les peuples les plus civilisés, les plus progressifs de l'Europe, avaient renoncés, presque découragés, à toute liberté. Ce qui vient ensuite, c'est le développement de la régénération d'un peuple dans les plus miraculeuses alternatives. Toutefois à peine Ferdinand VII était-il monté sur le trône, pour lequel le peuple avait combattu avec un sacrifice infini, avec tant de sang, que commença une époque de la plus cruelle réaction. Son gouvernement fut un assemblage de despotisme et de bigoterie; le confesseur du roi fut nommé premier ministre du pays; l'inquisition fut de nouveau rétablie; moines, couvents et jésuites revivent. La réaction revint en arrière au-delà des réformes de Charles III. La police secrète joua un rôle terrible; beaucoup de patriotes échappèrent seulement à la mort par une fuite rapide à l'étranger; toutefois les prisons furent remplies d'accusés politiques et bien que la plupart des châteaux fussent transformés en prisons, il manquait toujours de logements pour les personnes arrêtées. Parmi eux furent l'illustre Augustin Argüelles, le brave Calvo de Rosas, l'honnête ami du peuple Martinez de la Rosa, Calatrava, Quintana, comme tant d'autres hommes pleins de mérite envers la patrie, pendant que Mina, condamné à mort, partageait l'exil avec plus de 6000 espagnols. Des commissions extraordinaires, confiées aux hommes qui comptaient parmi les plus extrêmes adversaires de la constitution, reçurent l'ordre de juger les accusés politiques; le sang coula par torrents, ceux qui échappèrent à la mort furent condamnés aux galères, à la déportation et, dans le cas le plus favorable, à l'exil.

Un noir despotisme, exercé par tous les moyens d'une force sans droit, pesa sur tout le pays; un temps d'une mauvaise administration sans exemple commença alors. Les riches sources de production du pays commencèrent à s'épuiser; l'insurrection des colonies s'augmenta; bientôt le Guatemala, la Nouvelle-Grenade, le Pérou, le Chili et le Mexique furent perdus; les mines qui, par une bonne exploitation, auraient remplacé les galions américains, s'apauvrirent; le peuple tomba de plus en plus dans la misère et le désespoir. De 1817 à 1820 les recettes de l'état tombèrent de 566 à 320 millions, tandis que la dette d'état depuis 1814 était montée de 11 à 14 milliards. Et toutefois malgré tout cela, le peuple espagnol, malgré l'air empoisonné qu'il respirait, ne tomba pas au fond de l'abîme. Alors commença l'époque des pronunciamientos militaires, dans lesquels Mina, Porlier, Louis de Lacy, Riego, Quiroga, San Miguel, Torrijos, Espartero, Serrano, O'Donnell, Narvaëz, Concha, Prim, Topete et d'autres jouèrent un rôle si rempli d'alternatives différentes.

Aucun pays n'a fait pour sa liberté autant de sacrifices que l'Espagne. Dans les plus dures épreuves ce peuple a toujours conservé la même constance opiniâtre. Après chaque nouvelle défaite, il s'est relevé avec une nouvelle force, et, avec une patience infatigable, digne d'admiration, il a repris son œuvre qui, si souvent semblait comme perdue, si souvent comme abandonnée. Beaucoup de choses ont contribué infiniment à rendre plus difficile et à prolonger pour le peuple espagnol ses combats intérieurs. Le soulèvement victorieux de 1820, qui rétablit la constitution de 1812, fut renversé par l'ignominieuse intervention de l'étranger. Par suite le régime le plus réprouvable eut un libre cours. Et lorsque Ferdinand VII dont toute la vie avait été un tissu de complète hypocrisie, de lâchetés, de trahisons et de sanglantes vengeances eut enfin fermé les yeux, alors par la prétention de Don Carlos à la succession au trône éclata la guerre civile qui, presque sans relâche, ravagea le pays pendant sept années. La royauté absolue fut le cri de ralliement des uns, des carlistes; la liberté et la constitution, la devise des autres, des christinos. Seulement, hélas! les espérances des derniers furent misérablement trompées. A l'absolutisme stupide et méchant de Ferdinand VII succéda le gouvernement funeste de la reine Marie-Christine et à celui-ci la domination non moins triste d'Isabelle II. Au milieu de tout cela l'Espagne fut quelque temps le jouet diplomatique de la France et du cabinet de St. James, qui tous les deux firent leur possible pour y entretenir la division politique et pour miner et bouleverser de leur côté les affaires de l'état. Au milieu de ces influences et pendant tant d'années, se succèdent, parmi les batailles les plus violentes, les victoires et les défaites des partis, qui tantôt devinrent des bouchers, tantôt des victimes; insurrections et coups d'état se font place dans une suite désordonnée; tantôt domine la révolution et tantôt l'état de siége; les tables de la constitution sont élevées et renversées, rétablies et de nouveau détruites; hommes et institutions des partis les plus extrêmes se remplacent l'un l'autre; les vainqueurs jamais contents de régner d'après leurs principes, s'efforcent chaque fois d'opprimer sans miséricorde leurs adversaires terrassés. Tout semble précisément conspirer pour précipiter complétement ce malheureux pays dans la ruine. Le peuple devint une victime de la tyrannie des princes, de la domination des prêtres et enfin de la force militaire.

Et cependant dès que le peuple eut joui pendant quelques années du repos, comme après 1848, aussitôt se montrent les commencements d'un prodigieux élan matériel. Des chemins de fer et des canaux sont construits, les fleuves sont rendus navigables, des routes d'art sont établies; malgré la pressante disette d'argent de grandes sommes furent dépensées pour l'arrosement artificiel, pour des reconstructions de ports, pour des phares et d'autres travaux publics. L'industrie, le commerce et la navigation commencent de nouveau à fleurir; l'économie agricole, l'exploitation des mines et l'ensemble du développement économique font en peu de temps des progrès étonnants. Le peuple espagnol se montra encore assez puissant pour obtenir de nouveau avec le temps une place plus élevée parmi les puissances. Dans les guerres avec le Maroc, avec le Mexique, avec le Pérou et le Chili des efforts assez grands furent faits, et le succès de ces guerres a essentiellement contribué à donner de nouveau à l'état un rang plus élevé.

Par cela seul qu'après de tels ébranlements un semblable résultat ait pu être atteint, il en résulte que l'Espagne ne doit pas être jugée d'après la mesure des autres états cultivés. En fait, comme le peuple espagnol a donné des preuves à l'excès d'une puissance de vie intarissable, ainsi le sol qui lui est devenu propre, a été doté par la nature aussi richement qu'aucun autre état de l'Europe. Si sa situation entre deux mers lui assure les conditions les plus favorables pour le commerce avec le monde entier, les différences extrêmes du climat, lui assurent aussi la culture la plus variée des plantes. Pendant que, dans les plaines et dans les vallées du littoral méridional, la canne à sucre, le coton, le bananier et d'autres fruits des tropiques, se développent aussi bien que dans les Indes-Orientales, dans les vallées élevées des Pyrénées et sur les hauteurs des montagnes des Cantabres, on cultive l'avoine et le blé sarrazin comme dans le nord de l'Europe; les plaines et les vallées du nord de l'Espagne sont complétement ornées de prairies qui fournissent une riche nourriture aux nombreux troupeaux qui y paissent. Dans le Sud et le Sud-ouest de l'Espagne règne la culture des arbres, des orangers, des amandiers, des figuiers et avant tout des oliviers, des mûriers et de la vigne, tandisque dans les plaines du centre prospère la culture des céréales et principalement du froment. L'état du sol est aussi soumis à autant de changements que le climat. Outre cela l'Espagne possède dans ses montagnes d'innombrables trésors en fer, en cuivre, en blé, en argent, en vif-argent, en charbons de terre, etc., tout comme en général une réunion vraiment inépuisable de ressources de toute sorte. La vente des biens nationaux, ainsi que des biens de main-morte n'a pas non seulement donné aux caisses de l'état des sommes non sans importance, mais encore a augmenté partout la vie dans toute la sphère économique. Le produit des biens nationaux vendus jusqu'à la fin de l'année 1861 a été de 6519 millions de réaux, celui de 1862 jusqu'à 1865 a été évalué à 680 millions. Il restait encore pour 3263 millions à aliéner; les biens et les droits restant maintenant à la disposition du gouvernement sont estimés à environ 1500 millions. Et ce qu'il ne faut pas perdre de vue, c'est que c'est moins dans la somme produite par les biens vendus que se trouve le bénéfice pour l'état, mais surtout dans l'affermissement durable de la force des impôts par la mise en valeur de nouvelles contrées pourvues de nombreux habitants et dans l'augmentation considérable du nombre des propriétaires petits et moyens et dans une production qui va s'agrandissant.

En fait la population de l'Espagne, malgré les dévastations de la guerre civile, malgré de mauvais gouvernements sans exemple a aussi, dans les 50 dernières années, monté de 11 millions jusqu'à 17 millions d'âmes. En 1820 l'ensemble des recettes de l'état s'élevait seulement à 320 millions, en 1861 les recettes des impôts directs seuls étaient montées à 520 millions et sont pour 1871 estimées à 927 millions, tandis que les recettes pour le timbre, etc. sont montées de même à 645 millions et l'ensemble des recettes ordinaires pour l'année courante est estimé à environ 2,143 millions. Le commerce extérieur qui pendant la première moitié de notre siècle était tombé toujours plus bas, se releva de 1849 jusqu'à 1859, l'importation progressa de 587 à 1262 et l'enportation de 478 à 1026 millions de réaux; en 1863 l'importation a monté jusqu'à 1898 et l'exportation jusqu'à 1220 millions de réaux. On laissait autrefois les routes se perdre, nous voyons maintenant à côté du zèle pour la construction des routes d'art, dont l'ensemble, de l'année 1808 jusqu'à 1870, s'est élevé de 2800 kilomètres à environ 19.000 kilomètres, en même temps que l'on déploye pour la construction des chemins de fer une véritable activité, de sorte que jusqu'à 1871, 6000 kilomètres étaient en exploitation. Plus promptement, par exemple que l'Italie, l'Espagne s'est récemment couverte d'un réseau très étendu de chemins de fer qui atteint jusqu'aux ports de la Méditerranée jusqu'à Cadix, aux frontières de Portugal et jusqu'au golfe de Biscaye et se relie au réseau des chemins de fer aussi bien de la France que du Portugal. Non moins importants sont les progrès que l'Espagne a fait dans le domaine intellectuel, dans tout ce qui concerne les écoles, dans la culture générale et dans l'introduction de la tolérance religieuse. Le nombre des écoles élémentaires qui, à la mort de Ferdinand VII était de 700 et qui encore en 1839 ne se montait qu'à 900, s'était pourtant déjà élevé dans l'année 1860 à environ 25.000 et aujourd'hui l'Espagne a presque dépassé la France dans le domaine de l'instruction populaire. Encore en 1854 les Cortès constituantes radicales n'avaient pas voulu entendre parler de la tolérance religieuse, tandis que l'article 22 de la Constitution de 1869 ainsi conçu: „l'exercice public ou particulier de chaque culte sans restriction autre que celle des préceptes généraux de la morale est permis" a été garanti légalement par 164 voix contre 20; et en même temps il a été ajouté: „l'obtention et l'exercice des emplois publics ainsi que des droits civils ou politiques sont indépendants de la confession religieuse." Par l'application de la nouvelle loi des écoles, par laquelle l'école a été complétement émancipée de l'église, par l'asser-

12

mentation des prêtres à la constitution (décret du 19 Mars
1870) et l'introduction du mariage civil obligatoire (loi du
1er Septembre 1870) l'Espagne en tout ce qui concerne la
séparation de l'état d'avec l'église, est de beaucoup en avance
sur les états de l'Allemagne. En un mot partout où nous
jetons les regards, partout nous voyons que l'Espagne s'est
renouvelée dans le domaine intellectuel et est entrée dans les
voies de la civilisation moderne qui, en Europe, commence
à fonder la solidarité des intérêts parmi les peuples. Et comme
dans ces choses, et plus qu'aucune autre nation, elle a eu à
vaincre des obstacles infinis, par suite aussi la décision dé-
finitive sera d'autant plus sûre et d'autant plus favorable.

Mais pour que ce mouvement produise des fruits, il est
indispensable que l'ordre s'affermisse d'une façon durable,
que les institutions se consolident, en un mot, que les révolutions périodiques au sein desquelles l'Espagne, depuis
50 années, est ballottée sans cesse, prennent fin désormais. Les constantes oscillations de la situation intérieure,
les convulsions incessantes qui, depuis le retour de Ferdinand VII, ont ébranlé l'Espagne, les changements continuels
et violents ont, comme on peut le comprendre, apporté un
trouble profond dans toutes les relations et arrêté le pays,
de la façon la plus triste dans le développement de ses
ressources. Aussi longtemps que le cycle des révolutions ne
sera pas fermé, les travaux iront toujours en languissant,
l'insécurité ne cessera pas de paralyser le commerce et l'industrie et de préparer sans cesse des difficultés au retour
de l'ordre dans l'administration de l'état. Avant tout il est
à désirer que le retour périodique des pronunciamientos militaires dont l'Espagne souffre depuis si long temps

cesse enfin. La puissance militaire peut rétablir et assurer l'ordre dans un pays, mais conformément à sa nature, elle ne peut pas fonder un gouvernement libéral, car toute son essence consiste dans „l'obéissance absolue“ de ses subordonnés. Cela a été un grand malheur que le clergé se soit emparé si long temps du gouvernement, mais il n'était certainement pas bon que sa domination ait été renversée seulement par des soulèvements militaires. Par suite la force militaire a joué dans l'organisation de l'Espagne un rôle contre nature; elle domina trop et c'est ainsi qu'échoua chaque tentative du pays pour se rajeunir.

Heureusement qu'on peut se livrer maintenant plus que jamais à l'espérance que l'Espagne parviendra enfin à obtenir une liberté assurée et un ordre durable, à sortir de l'époque des ébranlements révolutionnaires sans tomber dans le piège d'une réaction perfide, altérée de vengeance et abrutissante. La révolution de 1868 était plus que toute autre une nécessité intrinsèque; elle a été entraînée par la logique des choses; elle était le résultat final d'une longue et terrible suite de mauvais gouvernements. En effet la révolution de Septembre a réglé un compte de longue date; les péchés des aïeux tout aussi bien que les siens ont été enfin vengés sur Isabelle II. Et bien que même cette révolution ait été provoquée par des chefs de la marine et de l'armée, elle est devenue assez promptement un véritable soulèvement du peuple. Elle l'est devenue par l'action en commun de tous les partis, dont les principes sont plus ou moins sortis des besoins des temps nouveaux. Mais aussi cette révolution a pris seulement la seule route vraie en effectuant l'expulsion d'une dynastie qui, par son absolutisme obtus et méchant, par son union avec la réaction ultramontaine, par son insupportable despotisme et par sa continuelle perfidie, a presque entraîné à sa ruine un pays plein des ressources les plus prodigieuses. Le peuple espagnol est un peuple monarchique; il a eu besoin d'une longue et funeste série des plus détestables gouvernements; il a eu besoin d'une improbité sans exemple même sous les gouvernements despotiques, des dangers de l'indépendance nationale, de la chute de la puissance de l'état, de la ruine des finances, de la misère du pays et enfin d'une histoire de trônes telle que ceux de Charles IV, de Ferdinand VII, de la reine Christine et d'Isabelle II pour détruire sans pitié l'ancienne peur et le respect devant la dynastie et l'auréole monarchique dans un pays où elle était vénérée si long temps de la façon la plus idolâtre. Les amis de la liberté pouvaient regarder seulement avec joie la fin de la domination des Bourbons dans les contrées situées au-delà des Pyrénées.

Considérée à un autre point de vue, la révolution de Septembre témoigne aussi de progrès extrêmement importants: nous voulons dire la reconnaissance obtenue enfin de la liberté religieuse. Non seulement parce que les Cortès ont fait adopter dans la nouvelle constitution, avec une majorité imposante, le principe de la liberté de conscience et des droits égaux politiques des partisans de chaque confession, mais aussi parce que le peuple, dans des milliers de télégrammes venus des différentes contrées de la province, les conseils municipaux, les clubs, les assemblées populaires, ont félicité Castelar du succès oratoire presque sans exemple qu'il a obtenu le 13 Avril et du complet assentiment de la résolution votée par les Cortès. Et, en effet, même des lèvres d'un Mirabeau le monde n'a jamais entendu de plus brillantes improvisations que celles qui sont sorties le 12 et le

13 Avril de la bouche d'Echegaray et de Castelar en faveur de la liberté de conscience. Ce jour là l'Espagne a véritablement signalé son retour à la vie; elle a pour toujours repoussé d'elle l'esprit d'intolérance dont le venin empoisonné a, pendant des siècles, tellement porté atteinte à la vie politique et sociale.

En général la constitution du 12 Juin 1869 contient les traits principaux d'un nouvel ordre d'état qui ne peut pas être plus libéral et plus exempt de préjugés; il s'agit seulement que cette constitution puisse prendre racine dans le génie du peuple espagnol que la nation espagnole, éclairée par toutes ses expériences aussi bien que par les expériences des autres peuples, puisse enfin parvenir à fonder un régime constitutionnel fixe, libre des tendances réactionnaires, comme des dangers des idées et des passions révolutionnaires.

De toutes les révolutions par lesquelles l'Espagne a passé, la révolution de Septembre a été en réalité la plus grande et la plus glorieuse; elle n'a pas changé un gouvernement, mais aussi une Dynastie; et elle a poursuivi les plus grandes transformations avec les moindres sacrifices de sang. Il s'agit seulement maintenant d'en établir sûrement les résultats et de rentrer dans une voie régulière. Le peuple est resté victorieux, mais il commence de plus en plus à désirer le repos, les instincts conservateurs ont successivement recouvré leur force, la monarchie a repris sa place comme une institution traditionnelle, et les différents éléments de la vie publique, déclassés par la révolution cherchent de nouveau la place qui leur est propre.

Ce sont deux vieilles dynasties qui, en grande partie, sont coupables d'avoir causé le malheur de l'Espagne, puisse la nouvelle dynastie à laquelle le pays a confié sa destinée, et qui comme en effet le roi Amédée l'a déclaré dans son discours du trône „est revêtue de la plus pure et de la plus noble légitimité que donne le libre choix d'un peuple“ guérir les blessures qui sont encore restées de l'ancien temps. Puisse le fils du souverain éclairé à qui l'Italie est redevable de son unité qu'elle désirait depuis tant de siècles, réussir à exécuter la belle œuvre de donner à l'Espagne la liberté et l'ordre dont elle était privée depuis si long temps. Alors enfin cette noble nation, qui possède les qualités les plus glorieuses et qui habite le sol le plus riche et le plus productif se relèvera promptement dans un nouvel éclat et la paix intérieure avec ses bénédictions fera oublier assez vîte les souffrances du temps passé.

Les finances de l'Espagne, jusqu'en l'année 1844, se trouvaient dans une confusion assez grande. Ce fut seulement par l'administration prévoyante et économe de Mon (de Mai 1844 jusqu'en Avril 1846) et par l'introduction du nouveau système d'impôts, qu'on parvint à mettre de l'ordre dans les finances et ensuite, par la vente des biens nationaux, à éviter non seulement le déficit devenu presque permanent, mais encore à obtenir parfois un excédant. Dans le budget de 1845, les recettes figuraient pour le chiffre de 1226, les dépenses pour celui de 1184 millions de réaux, chiffres qui haussent successivement jusqu'en 1854. La révolution de 1854 fit monter rapidement les dépenses du budget jusqu'à 1815 millions et, en 1856, après un abaissement momentané produit artificiellement, le budget s'éleva jusqu'à 2074 millions de Rx.

Dans l'année 1857 le rétablissement de la régularité dans l'administration permit une réduction des dépenses jusqu'à   1923 millions Rx.

En 1858   1838   · „   „

„ 1859 . . .   1786   „   „   (Déficit 70 millions Rx.)

Depuis lors le budget des dépenses a de nouveau successivement monté à savoir:

1860 à 1887 mill. de Rx.   Déficit   204 mill. de Rx.

1861 „ 1926   „   Excédant 138   „   „   „

1862 „ 2002   „   8   „   „   „

1863 „ 2090   „   17   „   „   „

1864 „ 2626   „   5   „   „   „

Mais aussi les recettes, à l'exception de peu d'années, ont subi une semblable augmentation, ce qui permit d'arriver

à un e x c é d a n t, dans le budget ordinaire. On peut les
déterminer de la manière suivante :

$$1858 \text{ à } 1775 \text{ millions Rx.}$$
$$1859 \text{ „ } 1794 \text{ „}$$
$$1860 \text{ „ } 1892 \text{ „}$$
$$1861 \text{ „ } 2064 \text{ „}$$
$$1862 \text{ „ } 2009 \text{ „}$$
$$1863 \text{ „ } 2108 \text{ „}$$
$$1864 \text{ „ } 2222 \text{ „}$$

L'essor du commerce et de l'industrie, la vente des
biens nationaux ont sans doute augmenté la force financière
du pays.

Le budget pour 1865—66 (1er Juillet jusqu' au 30 Juin)
accuse une recette de 2.186,933.330 Rx. qui se décompose
ainsi :

Impôts directs 567,225.000
Impôts indirects 554,340.000
Monopoles et établissements d'état . . 905,259.960
Domaines 106,814.670
Colonies, etc. 53,343.700

Dépenses 2.184,955.410 Rx. y compris la dette d'état
avec $458 \frac{2}{10}$ millions.

Mais cet état fut dépassé de beaucoup, comme dans
plusieurs années précédentes (par exemple en 1854 de
174 millions et, en 1855, de 200 millions.) Il se produisit
à côté d'un excédant de 2,027.920 Rx. dans le budget ordinaire, un déficit de 570 millions de Rx. dans le budget
extraordinaire.

Le budget pour 1866 — 67 à côté d'une dépense de
2.684,540.000 Rx. et d'une recette de 2.636,929.000, donnait
un déficit de 47,611.000 Rx.

Le budget présenté le 30 Janvier 1868 à la Chambre des députés donnait une recette générale de 2580 et une dépense générale de 2630 et par conséquent un déficit de 50 millions de Rx. Le budget provisoire pour 1868—1869 évaluait les recettes à 2.656,478.960 et les dépenses à 2.584,674.790 Rx. Il aurait dû par conséquent présenter un excédant de 71,804.170 Rx. Mais le budget définitif n'avait produit seulement qu'une recette de 1.873,193.220 et une dépense de 2.581,991.800 Rx., de sorte qu'il se montra un déficit de 708,768.580 Rx.

La dette publique flottante s'établit de la manière suivante :

1865—66 de l'année précédente 150,693.715, dette nouvelle contractée 111,033.334, payé 107,141.163.

1866—67 de l'année précédente 154,585.885, dette nouvelle contractée 174,507.993, payé 156,489.537.

1867—68 de l'année précédente 172,604.141, dette nouvelle contractée 223,240.617, payé 234,503.899.

Le budget pour l'année 1869—1870 donna d'après l'évaluation une Recette de: 214,113.800 écus, à savoir:

Impôts directs 86,420.000
Impôts indirects 21,820.000
Monopoles d'état . . .69,330.000
Biens de l'état 34,140.000

une Dépense de: 298,738.491 parmi:

Dette d'état 110,000.000
Déficit 84,624.691

Toutefois le résultat des comptes fut le suivant:
Recettes . . . . . 202,684.476 escudos.
Dépenses . . . . 272,271.267 ,,
Déficit . . . . . 69,586.791 ,,

Budget de 1870—1871 (en pesetas) *).

Dépenses:		
	Gouvernement	563.000
	Cortès	828.064
	Dette d'état	205,910.030
	Rachats de rente	2,755.568
	Pensions	41,918.702
	Présidence du cabinet	760.042
Ministère des affaires étrangères		2,842.450
„ de la justice et des cultes		49,042.731
„ de la guerre		93,340.851
„ de la marine		24,461.130
„ de l'intérieur		20,210.916
„ des travaux publics, de l'instruction publique, de l'agriculture		60,539.148
„ des finances		102,185.659
„ des colonies		309.500
Dépenses pour la vente des biens nationaux		110,999.652
		716,667.443

Recettes:

Impôts directs	199,338.005	pesetas.
Impôts sur les rentes intérieures, pensions etc.	32,300.000	„
Impôts indirects	60,290.000	„
Monopoles d'état (timbre, tabac, loterie)	161,188.250	„
Recettes des biens d'état	71,870.800	„
„ des colonies	5,000.000	„
Indemnité de guerre du Maroc et de Cochinchine	3,500.000	„
Recettes des biens de la couronne	2,215.000	„
	535,702.055	„
Déficit:	180,965.388	„

---

*) 1 escudo = 10 réaux.

1 escudo = 2½ pesetas.

1 peseta = 4 réaux.

Depuis 1859, à côté du budget ordinaire on a introduit un budget extraordinaire qui, par le produit de la vente des biens nationaux, a été couvert.

Ce budget extraordinaire dépensé de préférence pour les travaux publics et pour la flotte s'est augmenté depuis 1859 à 1862 de

2.668,500.000
à   566,498.169 Rx.

En 1863 il se montait à 420,470.348 Rx.

La rapide augmentation dans le budget ordinaire des dépenses a été jusqu'à présent couverte par les sommes qui ont été versées à la caisse de l'état par l'augmentation générale de l'activité nationale, sans fardeau particulier imposé aux contribuables.

Ainsi, par exemple, dans l'année 1845, l'impôt territorial établi par Mon qui, jusqu'à l'année 1848, ne produisit que 250 millions de réaux, depuis l'année 1850 jusqu'à celle de 1864, a été porté à 400 millions.

En 1865—66 l'impôt territorial a produit 556,399.160 Rx.
„   1866—67   d°·   563,238.690 „
„   1867—68   d°·   575,464.530 „

De même le revenu de l'impôt industriel, qui fut également introduit en 1845 augmenta jusqu'à l'année 1861 de 40 à 100 millions.

En 1865—66 cet impôt produisit 110,896.530 Rx.
„   1866—67   d°·   112,542.390 „
„   1867—68   d°·   118,486.300 „

Les douanes qui, dans l'année 1839, n'avaient produit que 83 millions, donnèrent en 1861, un résultat de 290 millions.

Le revenu du monopole du tabac a monté, depuis 1840 jusqu'à 1861, de 90 à 321 millions de Rx., celui du monopole du sel, depuis 1850 jusqu'à 1861, de 94 à 121 millions, celui du monopole de la poudre, dans le même temps, de 5 à 21 millions, et celui du timbre de 23 à 76 millions de Rx.

En 1866—67 le produit du monopole du tabac s'est chiffré par. . . . . 348,892.350 Rx.

Celui du monopole du timbre par. . . . . 103,280.850 „

En 1867—68 le produit du tabac a été de 321,477.170 „

Et celui du timbre de . . . . 110,022.350 „

Toutefois, depuis 1864, la plupart des impôts sont tendus à l'extrême, de sorte qu'un accroissement dans le fardeau des impôts du pays semble presque impossible.

La pénurie qui existait dans les finances, au commencement de l'année 1865, fut causée particulièrement par l'insurrection de Saint Domingue et par l'expédition du Mexique et du Pérou, tandisque les frais de la guerre du Maroc devaient être supportés par le Maroc après la paix de Tétuan.

Quoique la vente des biens de l'église fut reprise dans la seconde moitié de l'année 1865 les finances étaient cependant, à la fin de 1867, dans une très triste position, et ce fut seulement après la révolution de Septembre 1868 que la possibilité s'offrait de mettre de l'ordre dans les finances espagnoles. Jusqu'à présent il n'a été fait toutefois que peu de chose dans cette direction. Les Cortès se prorogèrent au milieu du mois de Juillet 1869 sans avoir seulement achevé complétement la fixation du budget. A cela il s'ajouta que, par suite de sa dernière révolution, l'Espagne était fortement menacée dans sa possession de Cuba „la perle des Antilles" l'une des plus abondantes sources de ses finances. Même un emprunt tenté à la fin de l'année 1868 ne réussit pas; des 2000 millions de réaux que demandait le gouvernement, on en souscrivit à peine 500.

Le 29 Octobre 1869 le ministre des finances présenta le budget pour 1870—71. Celui de l'année 1869 - 70 avait laissé un déficit de 82,956.200 e s c u d o s (écus espagnols). Le nouveau devait cependant „coûte que coûte" être mis en é q u i - l i b r e. En Novembre Figuerola prit à la place d'Ardannaz le portefeuille des finances. Pour rendre possible la régularisation des finances, les Cortès se décidèrent à vendre une partie non sans importance des biens de la couronne; au commencement de 1870 les insurgés de l'île de Cuba se soumirent aussi et les mesures financières proposées par Figuerola en Janvier réussirent pour la plupart. Néanmoins, il reste encore beaucoup à faire, car le déficit pour 1870—71, qui devait disparaitre à tout prix représente 613 millions de réaux, parce qu'il y a 300 millions d'impôts, qui ne sont pas rentrés.

D'après une proposition de loi présentée au mois de Mars, les déficits de 1868 à 1870 doivent être couverts par le prix de vente des bons du trésor de 1868, et par la vente de mines. Sur le gage d'une partie de cette possession de mines, la maison Rothschild émit en Mai, à Londres, un emprunt espagnol 5% pour une somme de 2,318.000 livres sterling. Le prix d'émission était de 80. Cet emprunt est basé sur un contrat entre le gouvernement espagnol et la maison Rothschild par suite duquel, pendant trente ans, tous les produits des mines de vif-argent d'Almadén seront hypothéqués en faveur de cette maison et mis en vente par ses soins. La souscription fut déjà fermée le premier jour, l'emprunt ayant été couvert plusieurs fois en quelques heures.

La d e t t e d'é t a t qui, dans l'année 1787, ne s'élevait qu'à 1543,906.944 Rx. et qui ne payait pas d'intérêts était parvenue au 1ᵉʳ Décembre 1861, à 18.440,985.301 Rx. et ses

24

intérêts à 295,291.139 Rx. D'après un rapport présenté aux Cortès par un comité pour le contrôle de la dette d'état, cette dette donnait au 30 Novembre 1866 un total de 20.412,134.058 Rx.

Au 31 Mars 1870 la situation de la dette d'état était comme suit:

Dette publique consolidée:

	Capital	Intérêts
	Escudos	
1) Dette aux Etats-Unis 5%	1,200.000	60.000
2) Dette extérieure 3%	667,688.400	20,030.652
3) Dette intérieure 3%	1.175,769.982	24,058.140
Dette différée extérieure 3%	229,819.200	6,894.576
Dette différée intérieure 3%	259,445.263	7,783.358

Dettes d'amortissement:

	Capital	Intérêts
Obligations des routes et des travaux publics	16,994.700	1,019.682
Obligations des chemins de fer	154,495.200	9,269.712
Actions du Canal de Lozoya	136.900	10.952
Dettes du matériel	207.559	6.227
Arriérés de paiement	31,185.832	
Dette non convertie	90,694.585	
Obligations et actions remboursables	2,292.800	
Participes legos	2,596.789	
Dettes amortisables intérieure et extérieure convertibles en dette consolidée	6,824.492	
Total	2.639,351.703	69,133.299

Toutefois, malgré cet énorme fardeau de dettes et son continuel accroissement, le c r é d i t s'est relevé et grâce à l'ordre fermement établi par la loi du 1er Août 1851, les créanciers à partir de cette époque obtinrent que les intérêts fussent régulièrement payés à l'exception d'un reste de capital de 800 millions.

Par suite de cela les papiers 3% montèrent; en 1843 ils avaient un cours moyen de 25, jusqu'à l'année 1851 ils s'élevèrent à 46, retombèrent plus tard après la révolution de 1854 jusqu'à 31; mais ils haussèrent de nouveau de telle sorte, qu'au milieu de 1865, ils se trouvaient presque à 52. Ensuite ces mêmes papiers tombèrent jusqu'à 29 et se trouvent à présent dans les cours de 31 à 32.

En général, et examinée dans son ensemble, la situation financière de l'Espagne est incomparablement meilleure que celle d'il y a 20 ou 25 ans; mais elle a besoin de précautions et de durée pour poursuivre d'une façon convenable son développement. Les moyens pour cela se présentent en grand nombre. L'Espagne a reçu de la nature tout ce dont un peuple a besoin pour faire fleurir au plus haut degré l'agriculture et l'exploitation des mines, le commerce et l'industrie et, par suite, pour obtenir le bien-être, la force et la considération. Déjà sa situation et ses diverses et ses énormes sources de revenus laissent pressentir ce que ce peuple, sous un bon gouvernement, aurait pu être et ce qu'il peut encore devenir. Mais avant tout il est nécessaire d'ouvrir et de faire entrer les rouages économiques dans ces longs espaces de territoire de la Péninsule Ibérique, qui sont difficilement abordables non seulement pour les transports avec tous les pays du monde, mais encore très fréquemment pour les communications avec le voisinage. Les difficultés qui s'opposent à l'accroissement des moyens de communication, de même qu'à la construction de chemins de fer et à l'installation de canaux doivent être surmontées pour pouvoir tirer complétement parti des nombreux et excellents ports et de son excellente situation au bord de la mer, relativement à laquelle l'Espagne le cède seulement à l'Angleterre et à la France.

En ce qui concerne l'économie rurale pour laquelle l'Espagne est avant tout destinée, elle a depuis le dernier quart de siècle, fait des progrès très satisfaisants. Les conditions naturelles les plus favorables ne lui ont pas fait défaut, car les différences extraordinaires du sol et du climat rendent possibles la culture fructueuse de toutes les plantes cultivables de l'Europe et aussi de beaucoup de pays étrangers.

A l'égard des forêts, elles ne manquent pas, comme on le croit généralement, bien que les plaines du centre et les terrains plats et la plupart des montagnes du Sud et du Sud-ouest soient en grande partie déboisés, tandisque leurs forêts dans le cours des siècles ont été complétement dévastées, il y a pourtant toujours encore des forêts importantes et même des districts entiers couverts de forêts: en tout 8.96 $\%_0$ du sol. Le terrain réservé pour la production du bois dans le sens le plus étendu comprend presque $20\%_0$ de tout le territoire. Mais la culture forestière est, en général, dans un état très misérable, car à l'exception des forêts bien administrées de la couronne, la plupart d'entr'-elles sont dans une situation déplorable. Par conséquent on ne produit pas même le bois nécessaire pour la construction et le bois exploitable pour les besoins de l'intérieur. Le gouvernement a, d'accord avec les Cortès, résolu la vente du sol des forêts non productives, et on a décidé de vendre pour environ un tiers des forêts de l'état, des communes et des corporations; par cette vente les deux autres tiers suivants doivent être administrés régulièrement. Un revenu important jusqu'à présent a été le bois de liége. Le produit des arbres à liège s'est élevé en 1861 pour 34.766 quintaux de plaques à 6,257.880 Rx., et celui des bouchons de liége à 32,188.184 Rx.

Dans l'année 1852 la terre cultivée ne s'élevait pas au delà d'un tiers, mais en 1858 presque la moitié de tout le sol était livrée à la culture; et la culture du sol était, principalement en Catalogne et à Valence, dans une situation extrêmement florissante; dans les contrées que nous venons de nommer les pentes des montagnes en elles-mêmes improductives furent terrassées et arrosées artificiellement et par suite changées en une contrée des plus productueuses ce qui prouve à quel degré l'économie rurale en Espagne pourrait s'élever.

Parmi les plantes techniques et commerciales l'olivier occupe la première place. Chaque année cet arbuste produit en moyenne un chiffre de 52,765.737 arrobas, que l'on peut estimer à une valeur de 1.654,254.486 Rx. (ou 121,289.995 thalers).

De la plus grande importance est aussi la culture de la vigne. Dans l'année 1856, les produits s'élevèrent à 379 millions de réaux; on a exporté pour 19 millions d'eaux-de-vie de vins et pour 59 millions de raisins secs.

En 1861 on exporta:

Vins   pour   331,039.877

Raisins secs   „   73,664.680 Rx.

La production a, depuis le commencement de ce siècle, monté de 47 à 80 millions d'arrobas.

Jusqu'à l'année 1811, l'existence du paysan espagnol était vraiment déplorable, car quoiqu'il n'ait jamais été dépendant ou serf, il soupirait toutefois sous un tel fardeau de charges envers la noblesse et le clergé, les deux castes auxquelles toute la possesion territoriale appartenait, qu'avec la meilleure volonté et le plus grand zèle, il ne pouvait pas obtenir de progrès. Au commencement de ce siècle, de 54 millions d'acres espagnoles de terre cultivée, 17 appartenaient à l'état, 28 à la noblesse et 9 au clergé, de sorte que les paysans n'étaient que des fermiers dans les grandes propriétés qui appartenaient à la noblesse et au clergé.

Les Cortès de 1811 et de 1813 ébranlèrent les premières cet état impossible à supporter; alors succédèrent celles de 1820, et à partir de l'ère constitutionnelle en 1834, on commença à combattre d'une façon durable et souvent avec une conséquence sans égards les priviléges de la noblesse et du clergé. A présent tous les obstacles qui s'opposaient à un développement fécond ont disparu; et comme on a rendu plus facile, par la construction des chemins de fer, des canaux et des chemins, les communications dans l'intérieur et avec les ports, il est désormais possible que l'agriculteur puisse réaliser avantageusement ses produits, pendant qu'auparavant et même encore dans les années de 1840 et de 1850, par exemple, le blé récolté en Castille, à cause des énormes frais de transport jusqu'à Santander, était plus élevé que ceux importés de la Russie et de l'Amérique.

Dans aucun pays peut-être les chemins de fer n'ont opéré relativement au progrès de l'économie rurale de semblables miracles comme en Espagne. Tandis qu'en 1805 l'importation des blés étrangers pour une population beaucoup plus petite que celle qui existe aujourd'hui, formait le plus important article d'importation, l'exportation des blés et de la farine en 1856 représentait la somme importante de 435,051.999 Rx.

Par suite de la suppression des priviléges de la noblesse et du clergé et surtout de la main-morte, la subdivision de la propriété du sol a extraordinairement progressé. En 1861, le nombre des possesseurs du sol de la campagne se monta à 2,592.527, celui des habitants du sol des villes à 1,970.491. Le nombre des éleveurs s'éleva a 1,003.334, tandisque celui des travailleurs n'était que de 542.782.

L'état des bestiaux se montait:

	1858	1865
Chevaux ..	269.000	680.373
Mulets....	416.000	1,021.512
Anes	491.000	1,298.334
Bœufs	1,380.000	2,967.303
Moutons	13,800.000	22,468.969
Chèvres...	2,740.000	4,531.228
Cochons ..	1,018.000	4,351.736

La production annuelle de la laine se compose de 41 millions de livres; mais elle en a produit autrefois 85 millions et pourrait facilement être portée de nouveau à cette hauteur, si les mesures prises actuellement dans l'intérêt exclusif de l'agriculture étaient mises de côté. La valeur de l'exportation de la laine a atteint encore, en 1861, 29,308.429 Rx.; mais elle pourrait être sans difficulté élevée à son ancien chiffre de 40 millions.

La production des vers à soie est aussi de la plus grande importance en Espagne. En 1869, dans les 5 provinces où l'on s'occupe de la culture de la soie, 626·24 hectares étaient plantés de mûriers. Par suite 101.640·247 kilogrammes de cocons ont été produits.

Aussi la cochenille qui depuis 1820, a été introduite en Espagne, fleurit de plus en plus dans ces derniers temps.

L'Espagne est aussi, comme on sait, très riche en minéraux utiles de toute sorte, mais surtout en métaux. Parmi ces derniers dominent le plomb et le fer, mais tous les autres s'y trouvent encore et, parmi les métaux précieux, particulièrement l'argent. Les sources presque inépuisables de vif-argent d'Almadén sont célèbres dans tout le monde. Les Asturies, le royaume de Léon et l'Andalousie possèdent des mines étendues de charbon de terre et dernièrement par suite de la construction de chemins de fer et de routes dans les montagnes, les plus importantes mines de charbon de terre ont été livrées à l'exploitation. Infinie est aussi la richesse en sel de fontaine, en sel gemme et en sel marin, en chaux, en marne, en bonnes pierres pour la construction et en engrais minéral. Dans l'année 1859, indépendamment des biens de l'état, il se trouvait 3581 sociétés privées pour l'exploitation des mines, pour la plupart par actions, tandis qu'il n'y en avait que 2236 dans l'année 1853.

L'exploitation des mines et des forges de l'Espagne a incontestablement un très grand avenir, et cette dernière a aussi, depuis 1859, pris un élan très important. Les mines de vif-argent d'Almadén et d'Almadenejos, les plus riches de la terre après celles de la Californie, ensuite les très abondantes mines de cuivre de Riotinto, les mines de plomb de Linares et Falset, les mines de calamine de San Juan de Alcaraz, les mines de souffre de Hellin et de Benamaurel, les mines de grafite et les mines de plomb de Marbella et quelques unes des mines de fer, et de charbon dans la Navarre et dans les Asturies, et de même toutes les mines de sel gemme et des salines, à l'exception des pays basques, sont la propriété de l'état et en exploitation par la régie. Depuis ces derniers temps l'industrie privée a pris un vif développement. Ainsi on comptait, par exemple, pour 1860, 3214 mines de plus que dans l'année précédente. La valeur totale de la production minérale se monte à 356,240.233 réaux. Pour l'exportation sont venus: Le plomb pour 90,952.880, les cuivres en nature pour 9,798.648, l'argent monnayé pour 95,030.541 et le vif-argent pour 14,617.000 Rx. L'Espagne a du plomb plus qu'aucune autre contrée et, en charbons de terre, elle possède également une richesse énorme. Pour le sel l'Espagne est, avec l'Autriche, la plus riche parmi tous les autres pays. Le produit de cet article s'élève à une valeur d'environ 20 millions de réaux. L'ensemble des recettes de l'état pour les mines et les forges se chiffre à environ 45 millions et les impôts pour l'exploitation des mines à environ cinq millions et demi de Rx.

La vente des biens nationaux, par suite de la suppression de la main-morte a donné au développement de l'économie rurale une impulsion extraordinaire; à la stagnation absolue qui existait autrefois a succédé une activité qui va grandissant. Ce n'est pas seulement la valeur, mais c'est aussi la production du sol qui a monté dans une très forte proportion, surtout depuis qu'une foule de capitaux étrangers se sont portés en Espagne et ont produit par suite une activité inconnue jusqu'alors.

La vente des biens nationaux a aussi donné à l'état le moyen de prendre soin de constructions publiques de toute sorte. Aussi, sous ce rapport l'Espagne a, depuis 1855, fait des progrès importants. La recette des biens nationaux jusqu'à la fin de l'année 1861, s'est élevée à 6519 millions de

32

réaux ou 478 millions de thalers prussiens. Le prix d'achat
a presque toujours été le double que celui de la mise en vente.
Cette partie de la classe moyenne qui possède le moins a
jusqu'à présent du moins acquis plus de la moitié de ces biens,
par conséquent il s'en suit que le bien-être de la population
a déjà considérablement monté et que dans l'avenir il doit
monter d'une façon plus importante encore.

Toutefois il y a encore une très grande quantité de semblables biens à vendre, en faisant abstraction de ceux qui ne
peuvent pas être du tout vendus, comme par exemple, une
grande partie des forêts de l'état, les salines, certaines mines,
les terres cultivées de l'administration de la bienfaisance publique et des écoles etc.

Jusqu'à 1844, où la vente des biens de main-morte n'était
pas en général importante, les besoins croissants de l'état
en dévorèrent les produits. Plus tard ces biens ont été dépensés expressément pour la régularisation de la dette d'état
et le nivellement du déficit dans les budgets.

D'autre part, en 1859, il était possible, par la vente
des biens nationaux, de dépenser deux milliards pendant une
durée de huit années, pour l'exécution des travaux publics,
pour subventions de chemins de fer et autres entreprises indu-
strielles. Depuis l'Espagne, relativement aux routes et aux
moyens de transport, s'est entièrement transformée. Pour la
construction des routes seulement il n'a pas été dépensé, en
1860, moins de 88 millions, tandisque de 1844 jusqu' en
1855, en tout 131 millions avaient été dépensés pour cet objet.

Depuis 1848, année dans laquelle eut lieu l'ouverture
du premier chemin de fer, d'une longueur de 29 kilomètres,
c. à d. la route de Barcelone à Mataro, jusqu' au commencement de 1862, il y avait 1729 kilomètres ou 233 lieues

allemandes en exploitation et, jusqu'à la fin de 1863, le nombre des chemins de fer du pays, allant déjà dans les directions les plus différentes, a monté de 33, qui représentent ensemble une longueur de 3569 kilomètres.

Au 1er Janvier 1867, il y avait déjà 5012 kilomètres ou 675·47 lieues allemandes en exploitation. Au 1er Janvier 1869 on comptait 724 lieues géographiques en exploitation, 232 en construction et outre cela 956 étaient concédées.

Il est vrai que le produit des chemins de fer espagnols, dont la construction à cause de l'importance des difficultés a occasionné de grandes dépenses, a été jusqu'à présent moindre que dans la plupart des autres contrées de l'Europe, mais pourtant considérablement plus élevé que dans le Portugal, le Danemark, la Suède, la Norwège et la Turquie.

L'intérieur de l'Espagne manque aussi de rivières navigables, car même les rivières principales sont peu propres pour la navigation intérieure.

Par contre de la plus grande importance sont les c a n a u x d'i r r i g a t i o n comme ceux que possède l'Espagne en général, qui sont les plus nombreux et les plus grandiosement organisés de toute l'Europe. Elle a précisément le ca_ nal d'irrigation le plus grandiose de ces nouveaux temps, c'est-à-dire le canal d'Isabelle II, qui construit de 1851 jusqu'en 1859, moyennant une dépense de 146,254.442 réaux, amène l'eau du fleuve Lozoya, éloigné du pied de la Sierra Guadarrama de 14 l e g u a s (presque 12 lieues allemandes) et la conduit au moyen de ponts et de tunnels vers Madrid, dans un grand réservoir, de là au moyen d'innombrables tuyaux, dans toute la ville et dans tous les environs.

Les côtes de l'Espagne sont toujours ouvertes au commerce des quatre parties du monde, et pourtant depuis l'époque de Charles III jusqu'à l'année 1857, rien n'a été fait de plus pour les ports de l'Espagne. Depuis 1857 jusqu'à 1860 on a dépensé pour les réparations, le nettoyage et les nouvelles constructions dans les ports des côtes de la Méditerranée et de l'Océan en tout 41 millions et pour les phares 12 millions. Depuis 1861, il est consacré tous les ans pour les ports et pour les phares 220 millions. Et pendant qu'en 1847, il ne se trouvait en tout, sur les côtes espagnoles, seulement que 20 phares, on en comptait, en 1859, déjà 69. En 1865 leur nombre s'était élevé à 146 et, en 1867, à 158.

Par suite de ces améliorations et de ces relations qui vont en grandissant, la marine commerciale espagnole a pris un accroissement important, à savoir de 1848 à 1858, de 2102 navires à voiles donnant ensemble 217.176 tonneaux et 44 bâtiments à vapeur avec 12.685 tonneaux. En 1861 il y avait pour la navigation de long cours 1446 navires à voiles de 245.000 tonneaux avec 15.617 personnes enrôlées, ainsi que 36 navires à vapeur avec 12.035 tonneaux; pour le cabotage 3293 navires à voile avec 101.000 tonneaux avec 19.083 hommes d'équipage, ainsi que 65 navires à vapeur de 8719 tonneaux. En 1867, les navires à vapeur employés au cabotage avaient une force de 7759 chevaux, et ceux de la grande navigation une force de 14.860, ensemble donc une force de 22.619 chevaux.

L'industrie et le commerce ont aussi progressé d'une façon satisfaisante. Jusqu'au commencement de ce siècle, à l'exception des provinces basques où déjà depuis long temps l'industrie avait reçu une vive impulsion, l'activité des habitants pour le commerce était extrêmement insignifiante, ce qui du reste ne pouvait pas être différemment, car la destruction de tout commerce provenait de la législation des impôts et surtout parce que des cloîtres nombreux invitaient à l'oisiveté. Encore dans le 18ᵉᵐᵉ siècle, chaque profession civile était presque regardée comme déshonorante et Campomanès dut faire promulguer une loi par laquelle les métiers les plus importants étaient déclarés honorables. Ce préjugé, qui avait eu cours pendant tant de siècles, ne se laissa pas bannir tout naturellement à l'instant même; seulement le progrès constant de la civilisation le fit disparaître complétement. Pour ce but la suppression des cloîtres, des priviléges de la noblesse, des communautés et la transformation de tout l'ensemble des impôts devenaient nécessaires. Lorsque ces mesures furent enfin exécutées, l'industrie prit alors un élan remarquable. C'est surtout après le milieu de ce siècle que l'industrie espagnole a fait des progrès essentiels, ainsi que le prouvent l'importation croissante des machines et du coton brut et l'extension actuelle du réseau des chemins de fer. Toutefois la production ne suffit pas encore aux besoins, car dans l'importation générale il y a toujours $68^3/_{10}$ pour cent en produits manuels. Sans compter les mines et tout ce qui est relatif à la métallurgie, les produits principaux de l'industrie espagnole sont le tissage, les préparations de la farine et de l'huile, les métaux et particulièrement la fabrication des marchandises en fer, la fabrication des produits du papier et du cuir.

Dans l'année 1845, lorsque l'impôt sur les patentes remplaça plus de 100 taxes différentes, en partie communes à toutes les provinces, en partie purement locales, on comptait 277.252 personnes exerçant un métier; dans l'année 1861, il y en avait déjà 481.664.

D'une importance principale est le progrès dans tout ce qui concerne les chemins de fer, dont le rapide développement a été rendu possible surtout par les importantes subventions de la part de l'état, qui avait accordé aux chemins de fer concédés une subvention de 1051 millions. Seulement la société de la Catalogne travaillait sans subvention. 27 sociétés de chemins de fer existaient, en 1866, avec un capital nominal de 425,993.110 escudos.

Dans un pays où tout à coup de si grandes sommes ont été mises en mouvement, les nouvelles institutions de crédit ne pouvaient pas tarder à venir. Dans l'année 1861 il y avait déjà 27 banques et institutions de crédit qui toutes sont créées, à l'exception de trois, depuis 1856, et avaient un capital d'un montant total de 2 milliards et 13 sociétés d'assurance avec un capital d'affaires de 404 millions. Il y avait, en 1867, 23 banques d'escompte en tout avec un capital de 35,650.000 escudos. On comptait 29 autres institutions de crédit avec un actif de 314,275.787, un passif de 308,521.402 et 5,784.385 réserve.

Relativement au commerce, jusqu'en 1840, le système entièrement prohibitif, comme au temps du régime colonial était en vigueur*).

Le tarif de 1849 apporta un plus grand et plus important progrès; enfin fut introduit le système des tarifs

---

*) Par là le trafic tomba tout à fait en déchéance, résultat auquel contribua aussi la négligence complète des sources de production naturelles du pays. Seulement sous le gouvernement constitutionnel le pays tourna son attention vers ses trésors naturels et ses forces du commerce et le gouvernement commença par des réformes à frayer la voie à l'amélioration de l'état matériel. Depuis le commerce s'est aussi relevé et a pris surtout dans ces dix dernières années un élan important. Chemins de fer, routes d'art, canaux furent construits, lits des fleuves creusés, les bassins des ports désensablés et les places de commerce reliées entr' elles et avec les plus importants ports de l'étranger par le moyen de lignes régulières de bateaux à vapeur.

protecteurs, qui, il est vrai étaient fixés très-haut, système qui remplaça la prohibition absolue. Au lieu de 93 articles de marchandises prohibées, il en reste encore seulement 25. Toutefois la restriction du tarif resta encore plus forte que nulle part en Europe. C'est pourquoi aussi la contrebande est exercée sur la plus grande échelle. Plus de 1300 articles sont imposés et avec cela astreints, dans bien des cas, à des formalités gênantes.

Par suite de la réforme du tarif de 1849, qui rendait plus facile l'importation et l'exportation et qui simplifiait les formalités de douane, l'importation montait déjà en 1850 de 600 à 800 millions de réaux, l'exportation de 240 à 300 millions. Dans l'année 1828 l'ensemble de l'importation était de 375,192.300 et l'exportation de 188,939.415 Rx. Dans l'année 1855 l'importation et l'exportation représentaient ensemble 2267 et, dans l'année 1861, environ 2581 millions de réaux. La valeur de l'importation se monta, en 1857, à 1.557,840.036 Rx.; en 1858 à 1.504,558.065 Rx. ou 110,334.258 thalers, et en 1860 à 1.481,313.498 Rx. La valeur de l'exportation fut, en 1857, de 1.168,571.599 Rx., en 1858, de 971,359.814 Rx. ou 71,233.250 thalers et, en 1860, de 1.098,203.445 Rx. En 1862 l'importation se monta à 1.679,312.703 et l'exportation à 110,532.270 Rx.; en 1863 l'importation à 1.898,000.000, l'exportation à 1.219,000.000; en 1864 l'importation s'éleva à 198 millions d'escudos, et l'exportation à 141 millions d'escudos.

En ce qui concerne le commerce extérieur, l'importation et l'exportation ont eu lieu jusqu'alors principalement avec la France, la Grande-Bretagne, la Belgique, la Suède, l'Italie, le Portugal, le Danemark, l'Autriche et le Zollverein allemand. En 1866, 7841 navires entrèrent avec 1.290.000 tonneaux, tandis que 7549 navires partirent avec 1,291.000 tonneaux; en 1867 le nombre des navires qui entrèrent fut de 9640 avec 1,532.000 tonneaux, et ceux qui allèrent à l'étranger de 8260 avec 1,350.000 tonneaux. Il est aussi dans la nature des choses que les transactions de l'Espagne avec ses propres colonies soient très-vives. Mais encore aussi avec les états de La Plata, l'Equateur, le Brésil, Alger, le Mexique, les Etats-Unis du Nord de l'Amérique et les colonies anglaises et l'Amérique elle entretient des relations commerciales assez étendues.

En fait de ports l'Espagne avec les îles Baléares n'en a pas moins de 117, à savoir 56 sur la mer Atlantique et 61 sur la Méditerranée. Pour les constructions de quais, il a été dépensé:

En 1865—66 ..... 2,317.097 escudos,
 „ 1866—67 ......2,050.146   „
 „ 1867—68 ......2,885.594   „

Le tarif de 1849 ne correspond pas depuis longtemps aux demandes du temps actuel, c'est pour cela aussi que le commerce espagnol, dans ces derniers temps, n'a pas fait d'aussi rapides progrès que de 1850 jusqu'à 1855.

Il va de soi qu'avec l'élan, au commencement successif, plus tard rapide de l'Espagne sous son rapport matériel, un progrès physique, une augmentation dans la population devait en être la conséquence naturelle. En fait la population de l'Espagne, depuis le commencement de ce siècle, a aussi grandi d'une façon très-importante. Elle était au plus bas en 1724, où elle ne comptait que 7,625.000 âmes. Dans l'année 1820 elle était estimée à 11,161.980 âmes; en 1823 on en comptait 12,101.952; en 1857 (en y comprenant les Baléares et les Canaries) on avait 15,464.340 habitants, et pour le territoire espagnol seulement 14,957.837. D'après le recensement de 1860 la population de l'Espagne se montait à 15,673.536, en 1864, à 16,302.625, en 1868 à 16,682.486 âmes. Le nombre des forces humaines consacrées au travail a par suite augmenté considérablement.

L'éducation intellectuelle a fait aussi des progrès importants. Relativement à l'instruction, principalement depuis l'année 1845, il a beaucoup été fait pour l'élever et l'améliorer, soit par le gouvernement, soit par les communes et soit même par des particuliers. En ce qui concerne l'objet principal de l'éducation du peuple, les écoles du peuple, il y avait seulement en 1846, 15.640 écoles avec 663.611 élèves, tandisque, dans l'année 1860, on comptait 24.353 écoles avec 1,101.529 élèves. En 1867 le nombre des écoles élémentaires était déjà de 26.332 avec 1,425.339 enfants fréquentant l'école. La plupart des écoles ont été jusqu'à présent entretenues aux frais des communes et des particuliers et par des sociétés, ce qui permet de conclure que la participation prise par la population à l'instruction du peuple va en grandissant. Aussi pour l'instruction supérieure on a beaucoup amélioré dans les 20 dernières années, et l'on ne peut pas en général contester que l'Espagne aussi relativement à l'éducation et à l'instruction du peuple n'ait fait, depuis 1845, des progrès très-importants et qu'en particulier aussi un esprit plus libre a pénétré dans ses écoles.

L'Espagne possède encore toujours une source puissante de richesses dans ses colonies et dans ses possesions transatlantiques. Elle en possède, puisque les Canaries et les presidios de la côte du nord de l'Afrique ont été comptés dans la mère patrie, 479.336 kilom. carrés ou 8831 lieues carrées avec 6,416.676 habitants à savoir, en

Afrique 2214 kilomètres carrés (40 lieues carrées); de plus, en Amérique 128.147 kil. carrés (2327 lieues carrées; Cuba et Puerto-Rico et les petits îlots voisins), et enfin en Asie 348.957 kilomètres carrés (6464 lieues carrées; le groupe des îles Philippines, des Mariannes et des Carolines). Cuba occupe parmi ces possessions étrangères la place la plus importante. Le revenu en argent des produits du sol de toutes les colonies fut, en 1861, compté à 104,887.001 piastres (dollars), à savoir: 17·6 millions de sucre; 16·9 de tabac et 2·5 de café etc. Le produit net de Cuba s'élève à 31,857.673 piastres. Dans l'année 1863, Cuba prit part à l'importation de l'Espagne pour 210,263.191 Rx., et à l'exportation pour 230,841.777 Rx. Le produit net de l'île de Puerto-Rico fut compté en 1865—66 à 3,371.752 piastres.

La valeur totale des marchandises importées et exportées seulement à la Havane a été estimée à 40 millions de dollars. A Puerto-Rico on fit entrer, dans l'année 1867, des marchandises pour une valeur de 16·65 millions d'escudos, et on en exporta pour 11·9 millions. Dans l'année 1868, il y avait dans l'île de Cuba 86²/₁₀ lieues géographiques de chemin de fer en exploitation. La recette brute des îles Philippines se monta en 1865—66 à 12,819.341 piastres. Le commerce, en 1861, présenta une importation de 10,148.160 piastres et une exportation de 8,065.529 piastres.

Les ressources naturelles de l'Espagne, ainsi qu'il ressort très clairement de tout ce que nous avons dit, sont assez riches et assez puissantes pour permettre au peuple espagnol, avec de l'assiduité et de la modération, non seulement de supporter le fardeau que la situation financière de l'état lui impose, mais encore de l'amoindrir successivement sans être troublé dans son développement économique et politique.

De tout ce qui précède, il résulte que les revenus à présent importants dans les produits du sol, donnés par l'amélioration du défrichement et de la culture des grandes plaines qui, dans les temps précédents étaient restés en possession de la main-morte, peuvent encore monter bien plus haut. Mais en ce qui concerne l'agriculture, l'exportation du vin et de l'huile, ainsi que l'élévation de la production du blé et la hausse des prix auxquels les produits du sol, grâce à l'amélioration de la qualité peuvent trouver un débit à l'étranger, tout cela nous montre ce que l'agriculture pourrait donner, pour parvenir, d'un côté à supporter le lourd fardeau des impôts et de l'autre à élever la fortune nationale.

Il en est tout-à-fait de même avec la production minérale. De même que l'élévation de la production du plomb en Espagne a produit une véritable révolution dans ce commerce, il en sera de même aussi pour les mines en général, aussitôt que les capitaux qui sont nécessaires auront été donnés et que les routes de communication indispensables seront terminées.

Ainsi encore dans le domaine de l'industrie, un élan plus grand ne restera pas en arrière, car les grands capitaux qui, d'un côté ont été consacrés par le gouvernement, et de l'autre par des sociétés, aux progrès de l'industrie, du commerce et du trafic ne peuvent pas manquer d'exercer une influence bienfaisante.

Le commerce, qui dans la période décennale de 1850 à 1860, a plus que doublé et depuis a pris un élan encore plus rapide, parviendra aussi à un épanouissement encore plus grand aussitôt que l'augmentation des moyens de communication progressera en proportion, comme cela a été le cas dans les quinze dernières années.

Il est vrai que la construction des chemins de fer espagnols a coûté en tout des sacrifices énormes parce que le capital étranger, qui en a principalement hâté le développement, a été attiré par des conditions onéreuses pour l'Espagne, mais pour la prospérité économique du pays, c'est le développement le plus possible des moyens de communication qui est toujours la condition indispensable comme aussi les hommes d'état les plus importants en tombent complétement d'accord. Les Pyrénées, qui si long temps formaient une séparation entre l'Espagne et les autres pays de l'Europe sont maintenant traversées par des rails de chemins de fer qui en même temps relient les contrées de l'intérieur avec la mer.

Grâce à l'avantage de ces communications la situation complète de l'Espagne, au point de vue moral et économique, est transformée de fond en comble. Il est permis de croire que la vie intellectuelle et matérielle est délivrée de son engourdissement et de son isolement et pourra dans peu prendre un élan extraordinaire. Le pays qui offre à chaque produit et à toute industrie les plus grandes perspectives, fera entrer de plus en plus des forces étrangères, mais aussi même enverra au dehors ses propres fils en assez grand nombre pour aller acquérir les connaissances et l'expérience, qui conviennent aux profits de ses trésors jusqu'ici négligés.

Déjà se montrent les premiers symptômes favorables de ce mouvement et de cette élévation, parmi lesquels il n'en est pas de meilleur que la hausse continue des produits des impôts de consommation, qui à côté de la baisse de la valeur de l'or prouve, aussi puissamment que possible, l'accroissement du bien - être.

Cet état de choses donne pour l'avenir quelque espérance, car il prouve clairement que l'Espagne est dans la meilleure voie pour prendre rang de nouveau parmi les peuples civilisés de l'Europe. Animée d'un nouvel esprit, elle est en pleine régénération. La nation espagnole a clairement compris que pour pouvoir assurer, dans la grande rivalité des peuples, son existence indépendante, elle devait progresser dans son développement économique et intellectuel. Aussi bien elle connait les moyens et la route qui peuvent seuls et uniquement la conduire à ce but. On ne pourra pas non plus contester, que malgré toutes ces vacillations et ces ébranlements dès qu'une fois le peuple espagnol s'est éclairé il a agi immédiatement avec résolution. A vrai dire ce n'est presque partout que le commencement qui a été fait, mais c'est en général un commencement qui autorise les espérances les plus favorables.

Maintenant il y a seulement une chose qui peut encore faire revivre l'inquiétude et inspirer du doute sur l'accomplissement du grand but, à savoir le fractionnement et les déchirements des différents partis, le large gouffre qui les sépare les uns des autres et jusqu'à ce moment le changement et le défaut de stabilité des divers gouvernements. En fait il n'y a pas un autre peuple, dans le sein duquel les extrêmes des doctrines et des actions politiques soient placées si loin l'un de l'autre, comme c'est le cas chez le peuple espagnol. On a vu presque jusqu'à cette heure, et dans le peuple même, toutes les vues et toutes les opinions politiques possibles, l'absolutisme le plus sans restriction des siècles passés jusqu'au radicalisme démocratique et social le plus avancé des temps nouveaux, combattre et lutter l'un contre l'autre. La force de caractère qui est particulière au peuple espagnol et l'énergie innée des convictions ont toujours encore empêché jusqu'à présent un compromis des opinions opposées, et c'est ainsi qu'un parti a renversé sans cesse l'autre, pendant qu'en même temps il s'efforçait de détruire tout ce qui provenait d'un autre côté. Mais aussi il n'y a eu aucun gouvernement qui ait osé jusqu'à présent s'élever au point de vue plus haut de l'apaisement et de la réconciliation et par là le gouvernement reste trop souvent le jouet des partis et, à chaque révolution, perd toujours plus en p us d'autorité.

Toutefois il semble que, dans ces derniers temps, la situation se soit beaucoup améliorée. Les partis, il est vrai, se combattent toujours encore les uns les autres avec ténacité, mais ils paraissent pourtant vouloir enfin placer le bien de l'état au-dessus de leurs intérêts particuliers et le salut de la patrie au-dessus de leurs avantages personnels. Si la connaissance de cette nécessité fait encore de nouveaux progrès et se réunit par suite à la vertu politique du désintéressement, comme le bel exemple du nouveau roi permet de l'espérer, la régénération de l'Espagne sera accomplie avec une rapidité frappante.

La pierre fondamentale du nouvel édifice est posée, les matériaux pour en poursuivre la construction sont sous la main et par conséquent les plus grandes difficultés surmontées; pour achever l'édifice, il faut seulement de la durée et du sérieux.

Mais, sur un point l'Espagne a des prérogatives sur beaucoup de peuples, c'est-à-dire que, grâce à sa situation dans le monde, elle est en position de ne craindre aucun trouble du dehors et de n'avoir pas sérieusement à combattre pour son unité nationale. C'est pourquoi aussi sa destinée est entre ses mains. Qu'elle puisse donc l'accomplir, ainsi que les progrès faits jusqu'à ce jour nous permettent de l'espérer, c'est ce que nous désirons, non seulement dans l'intérêt de l'Espagne, mais encore aussi dans celui de toute l'humanité civilisée.

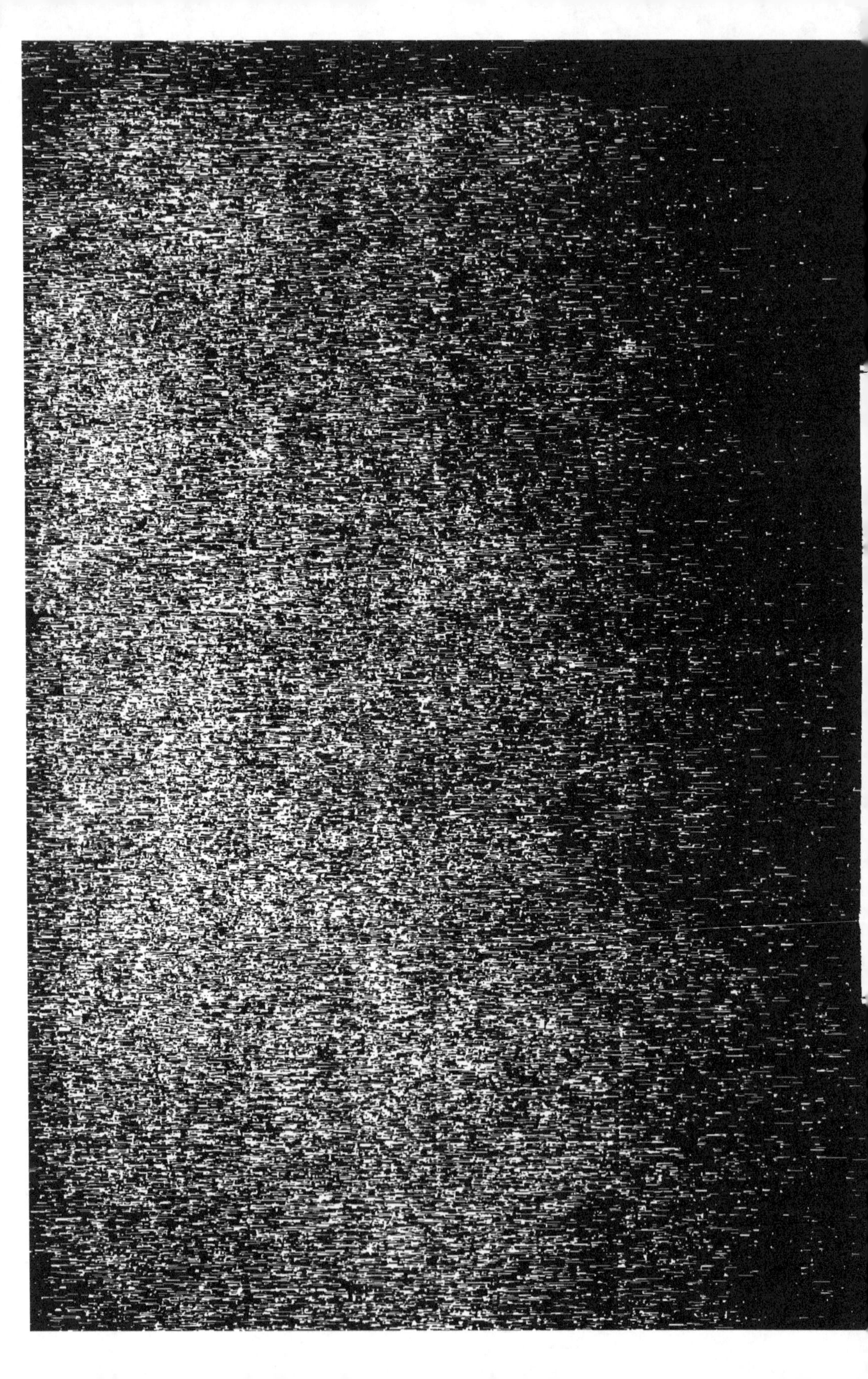

www.ingramcontent.com/pod-product-compliance
Lightning Source LLC
Chambersburg PA
CBHW061233030726
47595CB00004B/1507